Regen, Hagel und Schnee

Julienne Laidlaw

Inhalt

Wörter, die **fett** gedruckt sind, werden auf Seite 23 erklärt.

Wasser fällt in drei verschiedenen Formen vom Himmel – als Regen, Hagel und Schnee.

Sowohl Regen, als auch Hagel und Schnee sind eine Form von **Niederschlag**. Sie sind Teil unseres Wetters und entstehen auf unterschiedliche Weise und aus verschiedenen Wolkenarten.

Aber wie genau entstehen Regen, Hagel und Schnee?

Der Wasserkreislauf

Regen, Hagel und Schnee sind Teil des natürlichen Wasserkreislaufs auf der Erde.

Niederschlag entsteht, wenn es in der Luft zu viel Wasser gibt. Die Wassertröpfchen werden dann zu schwer und sinken ab – es regnet, hagelt oder schneit.

Auf der Erde befindet sich Wasser in einem ständigen Kreislauf.

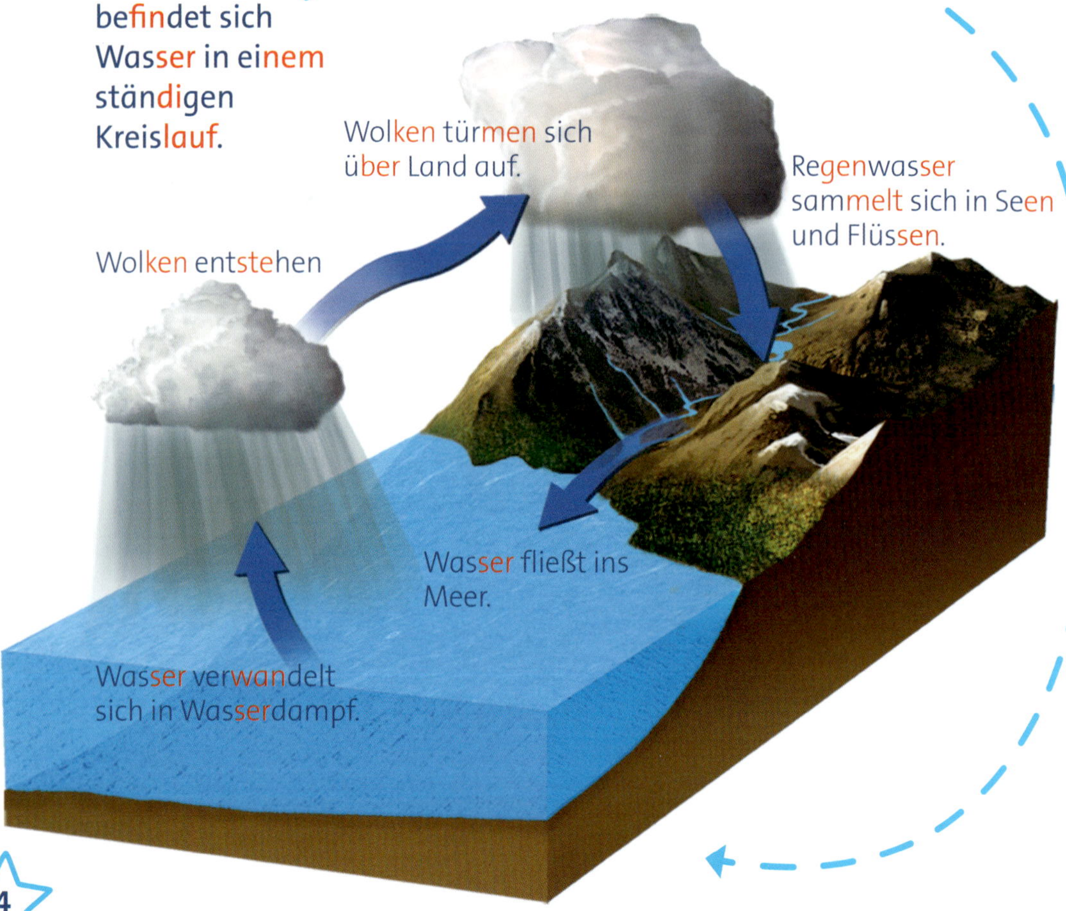

Einige Blätter dieser Pflanze sind in Kunststofffolie gehüllt. Dadurch beginnen die Blätter zu transpirieren – sie verlieren Wasser. Das Wasser sammelt sich in Tröpfchen an der Folieninnenseite.

Menschen und Pflanzen schwitzen (transpirieren). Transpiration bei Pflanzen entsteht, wenn sie über ihre Blätter Wasser verlieren (es verdampft). Auf diese Weise tragen Pflanzen zur Luftfeuchtigkeit bei.

Die Niederschläge sammeln sich in Seen, Flüssen und Ozeanen. Wenn die Sonne scheint, wärmt sie das Wasser auf. Dadurch verwandelt sich das Wasser in Dampf. Dieser Vorgang heißt Verdunstung. In der Luft kühlt sich der Dampf ab und dabei wird er wieder flüssig – dies nennt man Kondensation. Bei der Kondensation bilden sich Wolken. Werden diese Wolken zu schwer, kommt es zum Niederschlag – der Kreislauf beginnt von vorn.

Wolken

Um zu verstehen, wie Regen, Hagel und Schnee entstehen, muss man wissen, was Wolken sind und wie sie entstehen. Wolken sind Anhäufungen von **kondensiertem** Wasserdampf. Der Wasserdampf heftet sich an winzige **Partikel** in der Luft wie Staub oder Ruß.

Es bilden sich Regenwolken.

Die meisten Wolken entstehen, wenn sich warme Luft ausdehnt, aufsteigt und dabei abkühlt. Das geschieht zum Beispiel, wenn die Sonne den Boden wärmt. Auch eine Wetterfront kann Luftmassen in höhere Schichten transportieren und so Wolken entstehen lassen.

Dünne **Cirrus-Wolken** enthalten Eiskristalle.

Regen entsteht, wenn die winzigen Wassertröpfchen einer Wolke zusammenstoßen und verschmelzen. Verschiedene Wolkenarten lassen verschiedene Niederschläge entstehen.

Typisch für eine **Cumulus-Wolke** ist eine flache Unterseite. Darüber wölben sich runde Wolkenstockwerke.

Ein Regentropfen besteht aus Millionen von Wassertröpfchen.

Was ist Regen?

Regen besteht aus den Wassertropfen, die die Wolken bilden. Wenn die Wassertröpfchen und Eiskristalle groß genug geworden sind, fallen sie zur Erde. Hat die Luft unterhalb der Wolke eine Temperatur um den Gefrierpunkt (0°C), erreichen die Wassertröpfchen und Eiskristalle den Boden als Regen.

Wassertropfen erreichen den Boden als Regen.

Der regenreichste Ort der Erde ist der Berg ‚Waialeale' auf Hawaii. Dort regnet es im Durchschnitt 350 Tage im Jahr.

Der Ausdruck „Es regnet Katzen und Hunde" wird benutzt, um starken Regen zu beschreiben.

Es gibt starken und leichten Regen. Fallen nur wenige, kleine Regentropfen spricht man von Nieselregen. Regen, der verdunstet, bevor er die Erde erreicht, heißt Geisterregen. Regentropfen sind sehr klein. Ihre Größe bewegt sich zwischen einem halben Millimeter und 9 Millimetern im **Durchmesser**. In warmer Luft verschmelzen die Tropfen miteinander.

Wie Regen entsteht

Es ist immer Wasserdampf in der Luft: in warmer Luft mehr, in kälterer Luft weniger. Wenn die warme Luft aufsteigt, kühlt sie sich ab und kann das Wasser nicht mehr binden. Größere Wassertröpfchen entstehen, die die Wolken bilden.

Große Cumulus-Wolken

In den meisten Teilen der Erde ist Regen die Hauptquelle für frisches Wasser.

Bei Windstille fallen Regentropfen mit einer Geschwindigkeit von 3 bis 8 km/h. Die Geschwindigkeit hängt von der Größe der Tropfen ab.

Wenn die Wolken groß genug sind und aus genügend Wassertröpfchen bestehen, stoßen die Tröpfchen zusammen und bilden größere Tropfen. Dadurch werden sie schwerer und schließlich zieht die **Schwerkraft** die Tropfen an und es regnet. Aus großen Cumulus-Wolken regnet es nur wenig und örtlich begrenzt. Dicke, schichtweise aufgebaute Wolken produzieren Dauerregen.

Was ist Hagel?

Hagel ist eine Form von Niederschlag, bei der gefrorene Regentropfen oder Schneekristalle in großer Höhe überfrieren. Hagel entsteht nur innerhalb einer großen Cumulonimbus-Wolke (Gewitterwolke). Innerhalb dieser Wolke gibt es kräftige Luftströmungen, die die Eiskristalle auf und ab bewegen. Dabei legen sich immer neue Eisschichten um das ursprüngliche Eiskristall. Manchmal, wenn die Hagelkörner zu schwer werden, fallen sie zur Erde.

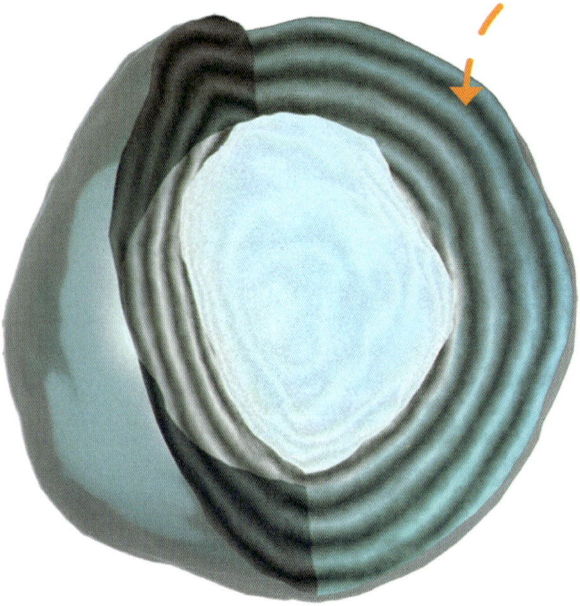

Hagelkörner bestehen aus mehreren Eisschichten.

Einige der schwersten Hagelkörner fielen 1986 in Bangladesh. Sie wogen 1 kg. 92 Menschen kamen ums Leben.

Hagel entsteht in solchen dunklen Gewitterwolken. Nicht alle Cumulonimbus-Wolken produzieren Hagel. Manchmal entsteht auch nur Starkregen.

Hagel kann ganze Ernten zerstören, Tiere erschlagen und manchmal auch Menschen. Normalerweise zerspringen Hagelkörner, sobald sie auf hartem Untergrund landen.

Große Hagelkörner können Autos verbeulen und Risse in Windschutzscheiben verursachen.

Wie Hagel entsteht

Hagel entsteht, wenn Eiskörnchen von Luftströmen innerhalb einer Wolke herumgewirbelt werden. Dabei sammelt das Eis Feuchtigkeit, die sich schichtweise um die Körnchen herumlegt und gefriert.

Eines der größten Hagelkörner ging am 22. Juni 2003 in Nebraska in den USA nieder. Es war 18 cm groß – fast so groß wie ein Fußball.

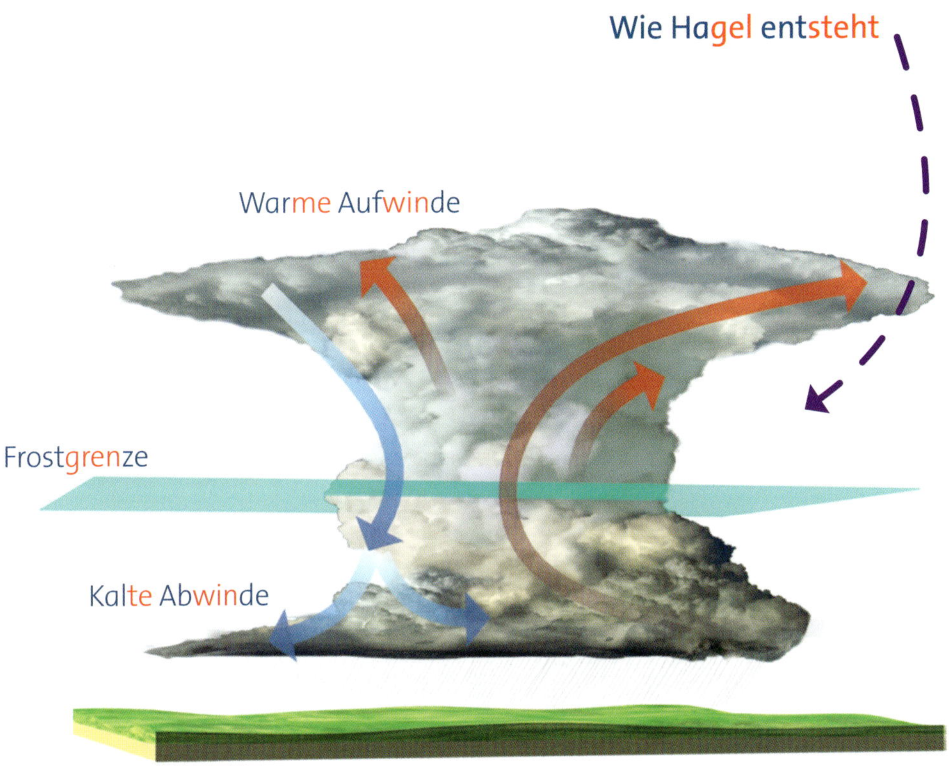

Die größten Hagelstürme bilden sich in den langlebigen **Superzellen** eines Gewittersturms – eines der heftigsten Wetterphänomene der Erde. Während die Eispartikel durch die Cumulonimbus-Wolke fallen, treffen sie auf starke Aufwinde, die sie wieder himmelwärts bewegen. Dazu müssen die Aufwinde aber mindestens 160 km pro Stunde schnell sein. Diese Winde tragen auch Hagelkörner durch die Wolke, sodass nach und nach immer mehr Eisschichten gebildet werden können.

Was ist Schnee?

Schnee ist eine besondere Form des gefrorenen Niederschlags. Wenn sich die Lufttemperatur unterhalb einer Wolke unter dem Gefrierpunkt befindet, fallen Wasserkristalle und Wasserdampf als Schnee. Fällt der Schnee durch extrem kalte Luft, entsteht Pulverschnee (kleine trockene Flocken). Bei Temperaturen knapp unter dem Gefrierpunkt sind Schneeflocken größer und nasser.

Schneebälle bestehen aus nassem Schnee, der zu Bällen geformt wurde.

Schneekristalle haben meistens sechs Arme. Dennoch ist jeder Kristall einzigartig.

Eisregen entsteht, wenn Regen durch kalte und sehr reine Luftschichten fällt. Beim Graupelschauer entstehen Körner aus zusammengeballten Schneekristallen.

Schneeflocken gibt es in unendlich verschiedenen Formen. Wie sie aussehen, ist abhängig von der Temperatur und dem Feuchtigkeitsgehalt der Luft.

Wie Schnee entsteht

Schnee entsteht aus winzigen Eispartikeln in Höhen, in denen die Temperatur unter dem Gefrierpunkt liegt. Wenn sich die Partikel in den Wolken aneinanderlagern, ordnen sie sich häufig als **Hexagon** an. Grund dafür ist die **molekulare** Struktur des Wassers.

Winter-Wunderland

Viele Schneeflocken sind Hexagone. Andere ähneln Dreiecken oder Nadeln oder erscheinen als ungleichmäßige Strukturen.

Ein Schneesturm mit Windgeschwindigkeiten um die 60 km pro Stunde oder mehr heißt in den USA ‚Blizzard'.

In eiskalter Luft verbinden sich Wassertropfen zu Eiskristallen. Die Kristalle wachsen, bis sie schwer genug sind, um zu fallen. Schnee beginnt immer mit Eiskristallen. Zuerst lagert sich Wasserdampf um winzige Partikel in den mittleren und höheren Schichten der Atmosphäre. Diese Eiskristalle verkleben miteinander und bilden Schneeflocken.

Warum gibt es Fluten und Lawinen?

Überflutungen werden ausgelöst durch Starkregen, Dammbrüche oder Sturmfluten. Sturmfluten entstehen, wenn der Wind hohe Wellen auftürmt, die das Land überspülen. Wenn Flüsse über die Ufer treten und Dämme brechen, entsteht Hochwasser. Auch durch Starkregen sind flutartige Überschwemmungen möglich.

Sturzfluten entstehen, wenn viel Regen in kurzer Zeit fällt, sodass der Boden das Wasser nicht mehr aufnehmen kann.

In den Wüsten Amerikas starben mehr Menschen während einer Flut als vor Durst.

Schnee rutscht den Steilhang eines Berges hinab und erzeugt eine Lawine.

Eine Lawine besteht aus großen Massen von Schnee, die ins Tal gleiten. Lawinen entstehen, wenn sich viel Neuschnee auf ältere, nasse oder vereiste Schneeschichten legt. Eine Lawine kann auch entstehen, wenn im Frühling nur die oberen Schneeschichten auftauen. Große Lawinen können Menschen, Autos und sogar Dörfer unter sich begraben.

Eine Lawine nimmt an einer punktförmigen Stelle ihren Anfang. Während sie hinabgleitet, wird sie breiter und hat schließlich die Form einer Träne.

Wettersystem Erde

Die täglichen Wetterverhältnisse betreffen jeden von uns. Regen, Hagel und Schnee bilden einen Teil des Wettersystems der Erde. Wie sie entstehen, ist ein faszinierendes Thema, das mit Wasser und den Wolken, mit der Sonne, dem Land, der Luft und der Schwerkraft zusammenhängt. Erst der immerwährende Wasserkreislauf ermöglicht Leben auf der Erde.

Wetterkarten zeigen die Wetterlage in einem bestimmten Gebiet, hier als Beispiel die USA.

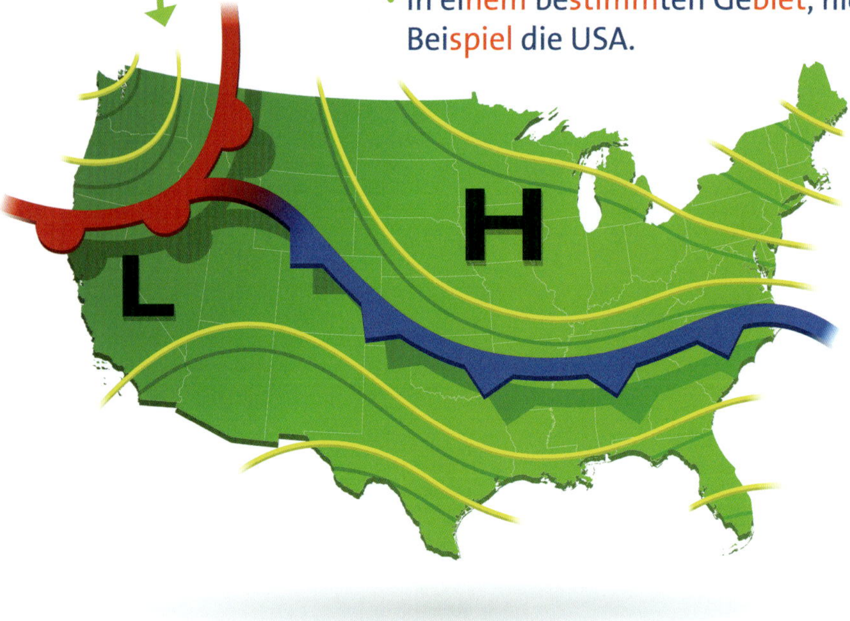

Worterklärungen

Cirrus-Wolke	eine Eiswolke in großer Höhe, wird auch Schleierwolke genannt
Cumulus-Wolke	Quellwolke in niedriger Höhe, auch Schäfchenwolke genannt
Durchmesser	die Entfernung zweier sich gegenüberliegender Punkte eines Kreises, gemessen durch den Mittelpunkt
Hexagon	Sechseck
kondensieren	ein Stoff geht vom gasförmigen in den flüssigen Zustand über
molekular	sehr kleine Teile betreffend
Niederschlag	Wasser- oder Eiskristalle fallen als Regen, Hagel oder Schnee auf die Erde
Partikel	sehr kleines Teilchen
Schwerkraft	die Erdanziehungskraft
Superzelle	Anhäufung von vielen einzelnen Gewitterzellen (= den kleinsten abgeschlossenen Einheiten einer Gewitterwolke)

Stichwortverzeichnis